1.ª edición: febrero 2021

© Del texto: Joan Antoja i Mas / Anna M. Matas i Ros, 2021
© De la ilustración: Anna Baquero, 2021
© De la traducción: Núria Riera i Fernández, 2021
© Grupo Anaya, S. A., 2021
Juan Ignacio Luca de Tena, 15. 28027 Madrid
www.anayainfantilyjuvenil.com
e-mail: anayainfantilyjuvenil@anaya.es

ISBN: 978-84-698-8567-3
Depósito legal: M-31278-2020
Impreso en España - Printed in Spain

Reservados todos los derechos. El contenido de esta obra está protegido por la Ley, que establece penas de prisión y/o multas, además de las correspondientes indemnizaciones por daños y perjuicios, para quienes reprodujeren, plagiaren, distribuyeren o comunicaren públicamente, en todo o en parte, una obra literaria, artística o científica, o su transformación, interpretación o ejecución artística fijada en cualquier tipo de soporte o comunicada a través de cualquier medio, sin la preceptiva autorización.

Joan Antoja i Mas / Anna M. Matas i Ros

Locos por los deportes

Baloncesto

Ilustraciones de Anna Baquero

ANAYA

¿Quién no ha jugado alguna vez a lanzar una bola de papel, una piedra o el hueso de una fruta dentro de una papelera, una caja o un agujero?

Es divertido, ¿verdad? Pues este es el origen de un deporte que nació hace casi 130 años: el **baloncesto.**

¡Te invitamos a descubrirlo!

¿QUÉ NECESITAS?

CAMISETA
Sin mangas, para poder levantar bien los brazos. El número ayuda a reconocer a cada jugador.

PANTALONES
Anchos, ligeros y sin bolsillos.

ZAPATILLAS DEPORTIVAS
De tipo bota y con suela flexible y gruesa para evitar lesiones.

CANASTA

El **tablero** debe ser duro y resistente.

La **red** permite ver si el balón ha pasado por el aro.

BALÓN
Tiene la superficie áspera para que no resbale al cogerlo.

¿CÓMO SE PRACTICA?

Estas son sus **reglas** más importantes:

Hay **cinco jugadores** de cada equipo en la cancha. El entrenador los cambia a menudo.

Para conseguir **puntos,** deben meter el balón dentro de la canasta del equipo contrario.

Los jugadores deben **botar** el balón para moverse y solo pueden tocarlo con las manos.

Según donde se colocan, hay distintos **tipos de jugadores.** Normalmente juegan un base, dos aleros y dos pívots, pero esto puede variar según la **táctica del entrenador.**

En cada partido hay **tres árbitros** que vigilan que se cumplan las normas.

ALERO
Juega en las bandas
o los lados del campo.
Es el que más canastas
anota.

BASE
Dirige al
equipo y lleva
el balón desde
su campo hacia
el campo
del otro
equipo.

PÍVOT
Es el más alto y juega cerca
de la canasta para coger
los rebotes.

ALERO

¿DÓNDE SE PRACTICA?

En una **pista** o **cancha** donde bote bien el balón.

Círculo central: lugar donde comienza el partido.

Líneas laterales y de fondo: señalan dónde acaba la pista.

Marcador: señala el tiempo que queda para terminar el partido y los puntos conseguidos por cada equipo.

Zona restringida: un jugador atacante no puede estar más de 3 segundos en este espacio.

Línea de tiros libres: desde esta línea se lanzan los tiros de **un punto**.

Línea de fondo: las canastas logradas detrás de esta línea valen **tres puntos**. Las que se consiguen delante valen **dos**.

¿QUIÉN LO INVENTÓ?

James Naismith, en 1891.
Era profesor de instituto en EE. UU.

Inventó el baloncesto para **entretener** a sus alumnos en el gimnasio los días de frío.

Utilizaban un **balón de fútbol** y **canastas para melocotones.**

Pronto empezaron a jugar en otros colegios por toda **Norteamérica.**

Llegó a **Europa** cuando los soldados americanos enseñaron a jugar a otros soldados durante una gran guerra.

Hace unos **100 años** se convirtió en deporte olímpico.

JUGADORES CONOCIDOS

Kareem Abdul-Jabbar (1947)
Jugador que ha conseguido más puntos en la historia de la NBA. Anotó 38 387 puntos.

Magic Johnson (1959)
A pesar de su altura, jugaba de base y tenía gran talento para crear jugadas.

Matt Scott (1985)
Nominado en varias ocasiones como mejor jugador en silla de ruedas.

Michael Jordan (1963)
Considerado el mejor jugador de todos los tiempos. Ganó seis veces la NBA con una media de 30 puntos por partido.

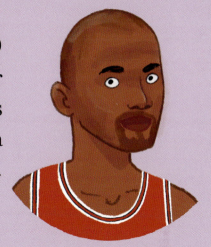

Pau y Marc Gasol (1980, 1985)
Los hermanos han sido campeones de la NBA y son dos de los jugadores más destacados en la historia de la selección española.

Amaya Valdemoro (1976)
Considerada la mejor jugadora española de baloncesto. Ha ganado tres veces la WNBA (la NBA femenina).

¿CUÁLES SON SUS BENEFICIOS?

Fomenta el **trabajo en equipo**
y el compañerismo.

Aumenta la **confianza** en uno mismo
y ayuda a controlar las **emociones**.

Enseña a pensar deprisa
y a estar **concentrado**.

Refuerza la **musculatura**
y la **agilidad.**

Mejora la **coordinación**
de los ojos con las manos y los pies.

Refuerza el **corazón**
y ayuda a que nos
cansemos menos.

Ayuda a ganar **rapidez**
y a tener buenos **reflejos.**

ASISTENCIA
Pasar el balón a un jugador muy bien situado para tirar a canasta.

BANDEJA
Lanzar a canasta impulsando el balón con la palma de la mano.

¿SABÍAS QUE...?

... Suleiman Al Nashnush, que medía 2,43 metros, fue el jugador de baloncesto **más alto** de la historia?

... Wilt Chamberlain tiene el **récord de puntos** anotados en un solo partido? Consiguió 100.

… al principio se jugaba **sin tablero** y se empezó a usar para proteger al público?

… la selección de baloncesto de EE. UU., conocida como el *Dream Team,* fue probablemente el mejor equipo que haya existido jamás? Ganó la medalla de oro en los Juegos Olímpicos de 1992.

PONTE A PRUEBA

1. ¿Cuál de estos iconos representa el baloncesto?

2. ¿Cuál de los siguientes balones se utiliza para jugar este deporte?

3. ¿Qué pista tiene las líneas adecuadas para jugar al baloncesto?

4. ¿Quién fue el creador de este deporte?

Michael Jordan

James Naismith

Pau Gasol

John Smith

¿QUÉ SIGNIFICA?

Anotar: meter canasta, conseguir puntos.

Banda: cada uno de los lados de la pista de baloncesto.

Cancha: pista donde se juega al baloncesto.

Juegos Olímpicos: competición deportiva internacional que se celebra cada cuatro años.

Juegos Paralímpicos: competición deportiva internacional que se celebra cada cuatro años en la que participan atletas con discapacidades.

NBA: liga de baloncesto de EE. UU.

Prórroga: tiempo que se concede de más (5 minutos) para desempatar el partido cuando este termina en un empate.

Rebote: jugada que permite al jugador recuperar el balón cuando este golpea la canasta y no entra.

Reflejo: tiempo que se tarda en reaccionar ante una situación.